Cruzar el océano
La inmigración
a California

Michelle R. Prather, M.A.

Asesoras

Kristina Jovin, M.A.T.
Distrito Escolar Unificado Alvord
Maestra del Año

Jessica Buckle
Distrito Escolar Fullerton

Créditos de publicación

Rachelle Cracchiolo, M.S.Ed., *Editora comercial*
Conni Medina, M.A.Ed., *Redactora jefa*
Emily R. Smith, M.A.Ed., *Realizadora de la serie*
June Kikuchi, *Directora de contenido*
Caroline Gasca, M.S.Ed., *Editora superior*
Marc Pioch, M.A.Ed., y Susan Daddis, M.A.Ed., *Editores*
Sam Morales, M.A., *Editor asociado*
Courtney Roberson, *Diseñadora gráfica superior*
Jill Malcolm, *Diseñadora gráfica básica*

Créditos de imágenes: portada y pág.1 Pacific Mail Steam Ship Company's steamer Great Republic, Robert B. Honeyman, Jr. collection of early Californian and Western American pictorial material [gráfico], BANC PIC 1963.002:0953--E. Cortesía de The Bancroft Library, University of California, Berkeley; pág.4 New York Public Library Digital Collection; págs.4–5 cortesía de British Library; págs.6–7 cortesía de Yale University Beinecke Rare Book & Manuscript Library; pág.7 (superior) Library of Congress [LC-DIG-pga-05072]; pág.8 University of Chicago Photographic Archive, apf1-01234, Special Collections Research Center, University of Chicago Library; pág.9 Peter Newark American Pictures/Bridgeman Images; págs.10–11 cortesía de California Historical Society, FN-25345; pág.11 Library of Congress [LC-USZC2-780]; pág.12 Creative Commons Attribution-Share Alike 3.0 Unported de Rupert Clayton; pág.13 (página entera) Library of Congress [LC-USZ62-26308]; págs.14–15 Library of Congress [LC-DIG-ds-04490]; pág.15 Library of Congress [LC-DIG-ds-04490]; págs.16, 29 (centro) Creative Commons Attribution-Share Alike 3.0 Unported de King of Hearts; págs.16–17 Library of Congress [LC-DIG-pga-01018]; pág.18 Pictorial Press Ltd/Alamy Stock Photo; págs.20–21 Library of Congress [LC-DIG-det-4a05812]; pág.21 (superior) cortesía de Anaheim Public Library; pág.22 Library of Congress [LC-USZ62-13920]; pág.23 cortesía de California History Room, California State Library, Sacramento, California; pág.24 Kearney, Dennis, 1847-1907, California Faces: Selections from The Bancroft Library Portrait Collection, Kearney, Dennis--POR 2. Cortesía de The Bancroft Library, University of California, Berkeley; pág.25 Library of Congress [LC-DIG-pga-02758]; pág.32 Library of Congress [LC-USZC2-780]; contraportada Library of Congress [LC-DIG-ppmsca-02887]; todas las demás imágenes cortesía de iStock y/o Shutterstock.

Teacher Created Materials

5301 Oceanus Drive
Huntington Beach, CA 92649-1030
www.tcmpub.com
ISBN 978-0-7439-1278-5

© 2020 Teacher Created Materials, Inc.
Printed in China
Nordica.102019.CA21901929

Contenido

La carrera hacia California

Adonde dicen que todo es de oro, allí vas.

California, según me dijeron, se llama el lugar.

—Balada de 1851

Todos los años, millones de personas dejan su hogar y se mudan a otros países o estados. Algunas se mudan a otros países porque hay problemas en el suyo. Tal vez hay una guerra. O quizá les resulta difícil encontrar trabajo en su estado. Algunas veces, otros lugares ofrecen más libertad o esperanza.

En 1850, una multitud se reunía todos los días en el correo de San Francisco para enviar o retirar cartas y comprar periódicos.

En 1848, se había descubierto oro en el norte de California. Había personas de Estados Unidos y de todo el mundo que tenían la esperanza de hacerse ricas. No importaba de dónde vinieran. Y esa era una idea nueva y fascinante.

California comenzó a crecer, y lo hizo rápido. Se necesitaban trabajadores. Se podía trabajar en granjas o en el ferrocarril. California comenzó a ser conocida como el "Estado Dorado" en 1968. Pero hacía ya mucho tiempo que las personas veían al estado como si fuera de oro.

¿Cuál es la diferencia?

Inmigrar significa entrar en un país nuevo y vivir allí de manera permanente. *Emigrar* significa irse de un país o de donde uno vive para ir a vivir a otro lugar. *Migrar* significa mudarse de la región donde se vive a otra. Por eso, *migrar* puede describir tanto *inmigrar* como *emigrar*.

El estado de las cosas

Los políticos pidieron que California se convirtiera en estado en 1849. En ese momento, el tema de la esclavitud generaba polémica. Había mucha tensión. Durante un largo tiempo, se debatió sobre qué decisión tomar. Al año siguiente, California fue admitida en la Unión como estado libre.

Civismo

mapa de 1850 de la región del oro de California

Los buscadores de oro

Se emprendían largos viajes para llegar a California. El **clima** allí era excelente. Y se podía ganar dinero. Pero primero, había que **tolerar** el largo viaje.

Estadounidenses de todo el país dejaban su empleo y su hogar. Venían del Norte, del Medio Oeste, del Sur y del Este. Algunos llegaban a California en barco. Otros viajaban en carretas. De cualquiera de las dos maneras, se tardaba alrededor de seis meses en llegar.

También venían personas de otras partes del mundo. Hasta fines de la década de 1880, no hubo muchas leyes que impidieran que los **inmigrantes** se mudaran a Estados Unidos. Personas de China, México y América del Sur estuvieron entre las primeras en llegar a California. Cuando se empezó a difundir la noticia de que había oro, también los europeos empezaron a hacer el largo viaje.

La esclavitud en un estado libre

California era un estado libre. Pero los sureños traían personas esclavizadas al estado para que trabajaran en las minas en busca de oro. Si los esclavos trataban de huir, los podían enviar de regreso al Sur.

Esta caricatura de 1849 muestra lo que algunos eran capaces de hacer para llegar a California.

Rumbo a Gam Saan

Gam Saan significa *montaña de oro* en chino. Así llamaron los chinos a California cuando se enteraron de la fiebre del oro. Pensaban que sería un lugar tan mágico como el sonido de esas palabras. Muchos chinos venían de aldeas pobres. Habían sufrido inundaciones y sequías. Debido a las guerras con Gran Bretaña y Francia, la economía china era **inestable**. Los chinos pensaban que ir a California los ayudaría a cambiar su suerte. Los trabajadores no especializados podían ganar mucho dinero y enviarlo a su familia en China.

Al principio, los chinos eran vistos como grandes trabajadores. Pero las cosas cambiaron cuando empezaron a llegar más personas y la cantidad de oro disminuyó. Los chinos ya no fueron bienvenidos. Parecían **exóticos**. A la gente no le agradaba su manera de hablar ni las comidas que comían.

Diferentes del resto

"Su peculiar forma de vestir y sus coletas los distinguían del resto de la población. Sus campamentos en las minas siempre estaban alejados de los campamentos principales de los mineros blancos. Eso ayudó a que ese odio hacia los de afuera se enfocara en ellos". —de *The Story of California from the Earliest Days to the Present*, de Henry Kittredge Norton, 1924

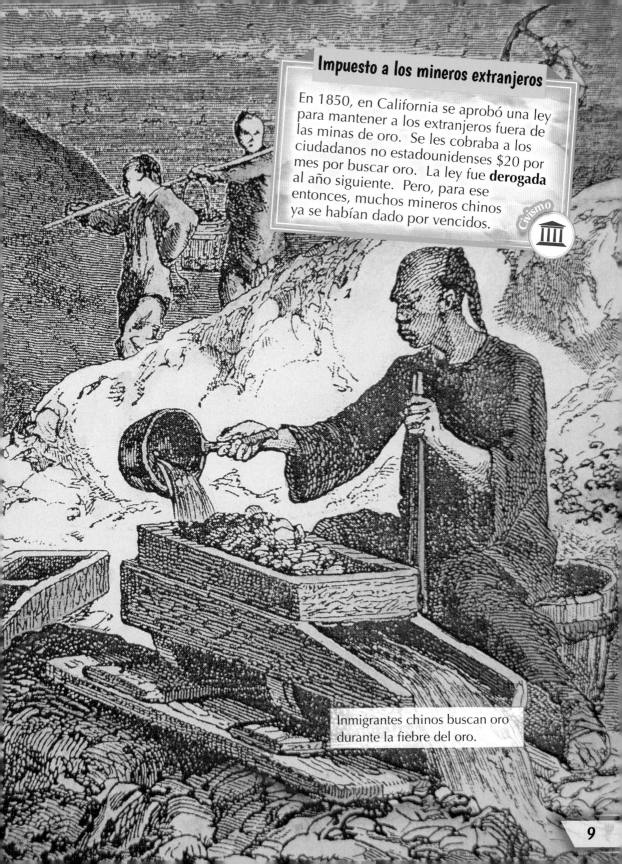

Impuesto a los mineros extranjeros

En 1850, en California se aprobó una ley para mantener a los extranjeros fuera de las minas de oro. Se les cobraba a los ciudadanos no estadounidenses $20 por mes por buscar oro. La ley fue **derogada** al año siguiente. Pero, para ese entonces, muchos mineros chinos ya se habían dado por vencidos.

Civismo

Inmigrantes chinos buscan oro durante la fiebre del oro.

Inmigrantes chinos trabajan en el ferrocarril.

Desconfianza y miedo

Los chinos tuvieron otro empleo al que recurrir cuando el oro quedó fuera de su alcance. Hablaban poco inglés, pero estaban dispuestos a trabajar muchas horas por menos dinero que otros inmigrantes. Miles de chinos trabajaron en el ferrocarril. También usaban las destrezas que habían aprendido en su país para **cultivar** las tierras de California. Y los pescadores chinos cumplieron un papel clave en el crecimiento de la ciudad de Monterrey, en California.

Ordenanza contra coletas

San Francisco aprobó una ley en 1870. Permitía al director de una prisión cortar el cabello de los reclusos hasta dejarlo de una pulgada de largo. Los chinos sentían que cortar sus largas trenzas, o coletas, era una deshonra. Esta nueva regla se convirtió en una manera cruel de burlarse de sus creencias.

El trabajo en el ferrocarril

Los chinos ayudaron a construir el ferrocarril en la década de 1860. Leland Stanford financió el sistema ferroviario. Dijo al Congreso que los trabajadores chinos eran importantes. Afirmó que la parte oeste del ferrocarril no se podía terminar sin ellos.

Los chinos también trabajaban como sirvientes, confeccionaban ropa y atendían tiendas. Pero su arduo trabajo los ponía en riesgo. Estados Unidos atravesaba una **depresión** en 1873. Había un fuerte nativismo. Eso quería decir que a los estadounidenses les interesaba más que les fuera bien a sus compatriotas que a las personas de otros lugares.

Había poco empleo. Los líderes de los sindicatos culpaban a los chinos. Los estadounidenses y los sindicatos hacían acusaciones sin fundamentos. Decían que los chinos no tenían valores **morales** y que había que tenerles miedo.

Una caricatura de 1882 muestra cómo se rechazaba a los trabajadores chinos en Estados Unidos. (En la puerta, dice "Puerta Dorada de la Libertad". En el cartel de la izquierda: "Aviso: se aceptan comunistas, nihilistas, socialistas, fenianos y rufianes, pero no se aceptan chinos").

La unión hace la fuerza

En 1870, había más de 48,000 chinos en California. Algunos estadounidenses los consideraban una amenaza. No querían ni verlos. Entonces, los chinos se unieron. Construyeron sus propias **comunidades**. En esos lugares, podían vivir, trabajar y rezar. Esos lugares se llamaron *barrios chinos*.

El barrio chino de San Francisco es el más antiguo y grande de Estados Unidos. Es como una ciudad en sí misma. A fines del siglo XIX, los niños chinos tenían prohibido ir a las escuelas públicas. Pero no dejaron que eso les impidiera aprender. Mantuvieron viva su **cultura** a través del arte, las obras de teatro y la música.

Las ciudades de Oakland y Los Ángeles también tienen barrios chinos. En sus calles, hay tiendas y restaurantes. Todos los años se hacen festivales y eventos especiales para atraer a los visitantes.

el templo chino Oroville hoy

Mantenerse conectados

Los chinos querían aferrarse a sus creencias. El emperador y la emperatriz de China también querían que lo hicieran. En 1863, pagaron por la construcción de un templo en el norte de California. Es el templo chino Oroville. Lo construyeron chinos que vivían en esa área.

Geografía

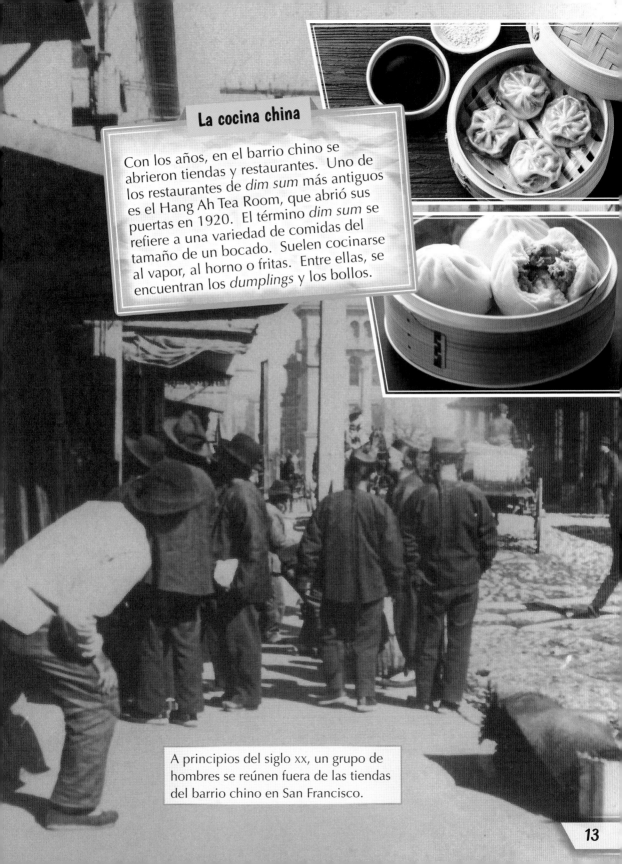

La cocina china

Con los años, en el barrio chino se abrieron tiendas y restaurantes. Uno de los restaurantes de *dim sum* más antiguos es el Hang Ah Tea Room, que abrió sus puertas en 1920. El término *dim sum* se refiere a una variedad de comidas del tamaño de un bocado. Suelen cocinarse al vapor, al horno o fritas. Entre ellas, se encuentran los *dumplings* y los bollos.

A principios del siglo XX, un grupo de hombres se reúnen fuera de las tiendas del barrio chino en San Francisco.

California no para de crecer

California es uno de los estados con mayor diversidad **étnica**. Han venido personas de todas partes del mundo. Todas pertenecen a distintas culturas. Esa tendencia comenzó durante la fiebre del oro. Muchas personas que vinieron a trabajar a las minas durante un tiempo breve luego se fueron. Pero otras se quedaron a vivir en el estado. La idea de que California estaba creciendo y había nuevas formas de ganar dinero atrajo a más gente todavía.

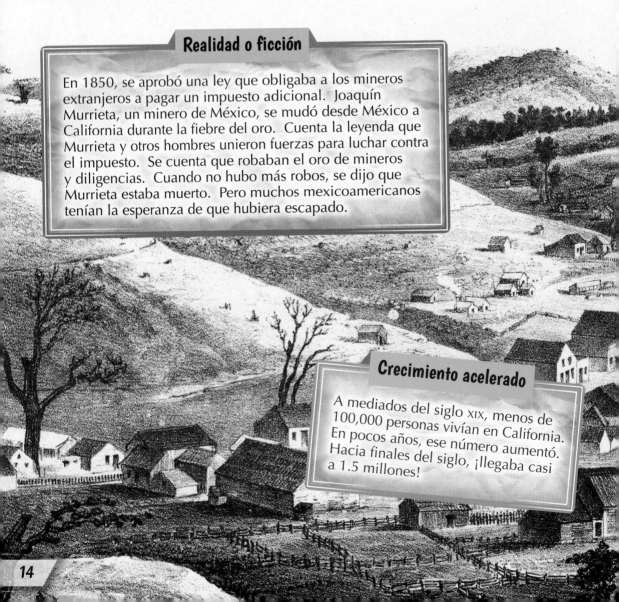

Realidad o ficción

En 1850, se aprobó una ley que obligaba a los mineros extranjeros a pagar un impuesto adicional. Joaquín Murrieta, un minero de México, se mudó desde México a California durante la fiebre del oro. Cuenta la leyenda que Murrieta y otros hombres unieron fuerzas para luchar contra el impuesto. Se cuenta que robaban el oro de mineros y diligencias. Cuando no hubo más robos, se dijo que Murrieta estaba muerto. Pero muchos mexicoamericanos tenían la esperanza de que hubiera escapado.

Crecimiento acelerado

A mediados del siglo XIX, menos de 100,000 personas vivían en California. En pocos años, ese número aumentó. Hacia finales del siglo, ¡llegaba casi a 1.5 millones!

Más de 2,000 hombres vinieron de Sonora, México. Esto sucedió aproximadamente en la misma época en que llegaron los inmigrantes chinos. Los mineros de Sonora a menudo viajaban con toda su familia. También fueron tratados con **desprecio** cuando el oro empezó a escasear. Construyeron un campamento en el centro de California. El campamento se conoció como *Sonora*. Se llamó así por el lugar de origen de los mineros. Personas de Perú, China, Australia y Francia también se quedaron allí durante la fiebre del oro. Es una de las ciudades más antiguas del estado.

Sonora, California, en 1866

Sonora, California, en 1853

La diversidad de San Francisco

San Francisco era la Nueva York del oeste. Muchos inmigrantes **se radicaron** allí después de la fiebre del oro. Al principio, la ciudad se conocía como Yerba Buena. Los dirigentes locales le cambiaron el nombre en 1847. El nuevo nombre de la ciudad coincidía con el de la bahía y la misión, que estaban cerca. Después de la fiebre del oro, aumentó el comercio con otros países. El nuevo nombre de la ciudad estaba por hacerse conocido en todo el mundo.

En 1860, la mitad de los habitantes de la ciudad eran inmigrantes. Provenían de muchos países de Europa. También había personas de China, Japón y México.

vista del valle en el parque nacional Yosemite

La tierra de Muir

John Muir inmigró a Estados Unidos desde Escocia cuando era pequeño. Visitó Yosemite, que se encuentra cerca de San Francisco, en 1868. Le encantó su belleza natural. Al año siguiente, se mudó allí. Todo lo que escribió sobre esta área ayudó a que se convirtiera en parque nacional en 1890.

Geografía

Los inmigrantes transformaban los lugares donde vivían. Querían rodearse de cosas que les recordaran su hogar. Por eso, muchos inmigrantes de una misma área se establecieron unos cerca de otros. Abrieron tiendas. Hicieron de San Francisco un lugar único. La convirtieron en la sociedad **multicultural** que es hoy en día.

Los tranvías

La primera línea de tranvías de San Francisco comenzó a funcionar en 1873. Fue idea de Andrew Hallidie, que había nacido en Escocia. Hallidie veía cómo se daba latigazos a los caballos que tiraban de los carros por las calles mojadas y empinadas. Inventó un medio mejor, que se sigue usando hasta hoy.

Hacia 1860, San Francisco era una ciudad con mucha actividad.

Inmigrantes con ingenio

Durante la fiebre del oro, miles de inmigrantes se mudaron a San Francisco. Entre ellos, hubo dos hombres singulares. Ellos querían vender productos a los mineros y los habitantes de la ciudad. Los dos descubrieron nuevas formas de fabricar sus productos. Sus compañías siguen siendo exitosas aún hoy. Y sus productos se siguen vendiendo en todo el mundo.

Levi Strauss nació en Alemania. Antes de mudarse a San Francisco en 1853, vivió en Nueva York. En San Francisco, abrió un negocio donde se vendían tiendas de campaña, ropa y otros productos. La empresa luego se llamó Levi Strauss & Co.

Strauss se asoció con Jacob Davis para fabricar un nuevo tipo de pantalones. A Davis se le había ocurrido una nueva forma de hacer pantalones usando **remaches**. En 1873, los dos obtuvieron una **patente**, ¡y nacieron los pantalones vaqueros!

Un anuncio de 1874 muestra a un granjero con los nuevos pantalones vaqueros patentados por Strauss y Davis.

Domingo Ghirardelli nació en Italia. Al enterarse de la fiebre del oro, viajó en barco a California. Instaló un puesto donde vendía provisiones y dulces a los mineros. Tres años más tarde, abrió su primera tienda de dulces en San Francisco. A la tienda le fue bien. En 1867, un empleado de la tienda descubrió una nueva forma de hacer chocolate. Ese proceso es usado hoy en día por muchos fabricantes de dulces.

Persevera y...

Ghirardelli perdió sus primeras tiendas en dos incendios. Reunió lo que le había quedado y abrió la tienda Cairo Coffee Shop en San Francisco. A la tienda no le fue bien. Entonces, Ghirardelli abrió su tienda de dulces en la ciudad. Desde 1852 hasta 1895, se mudó cuatro veces. Hoy está en la plaza Ghirardelli.

El crecimiento de Los Ángeles

Cuando California se convirtió en estado, se empezó a pensar en qué tenía para ofrecer la parte sur del estado. En la década de 1850, un grupo de alemanes se fue de San Francisco. Compraron tierras al sureste de Los Ángeles. Allí produjeron vino. El nombre de su **colonia** era *Anaheim*. Ese nombre se basaba en dos cosas: Ana era por el río Santa Ana, y *heim* significa "hogar" en alemán. Ese fue el comienzo de un cambio.

Después, miles de inmigrantes se mudaron a Los Ángeles. Provenían de China y México. También llegaron personas de otros países de Europa. Muchos estadounidenses también migraron allí. Entre ellos, hubo afroamericanos que llegaron después de la guerra de Secesión.

Uno de los secretos del crecimiento del área fue la finalización del ferrocarril en 1876. El ferrocarril conectaba San Francisco y Los Ángeles. Los trenes facilitaban el viaje a Los Ángeles desde otros estados. Y la región se **promocionaba** como un gran lugar para vivir.

La nueva minoría

Antes de 1850, Los Ángeles no tenía la misma diversidad que hoy. En esa época, había más mexicanos que personas de cualquier otro grupo. Con el crecimiento **económico** de la ciudad, las cosas cambiaron. Más pobladores blancos se mudaron allí. Los mexicanos pasaron a ser uno de los grupos menos numerosos.

hombres trabajando en un huerto de naranjas

Un estado que rinde frutos

Los primeros árboles de naranjas de ombligo del estado se plantaron en 1873. En pocos años, las naranjas tuvieron una alta **demanda**. Gracias al ferrocarril, todo el país podía obtenerlas. El estado se hizo famoso por su clima soleado y sus cultivos saludables.

Economía

Los Ángeles a fines del siglo XIX

El auge de los negocios

Cuando oleadas de inmigrantes se mudaron al estado, la demanda de bienes y servicios aumentó. Eso produjo un crecimiento económico en el estado. Durante la fiebre del oro, las personas necesitaban cosas básicas. Necesitaban productos textiles y herramientas para la minería. Y necesitaban alimentos y lugares donde vivir.

El ferrocarril transcontinental se terminó en 1869. Las personas y los bienes se trasladaban rápidamente de un lugar a otro. Las ciudades comenzaron a florecer. Se aceleró la **industria**. La agricultura se convirtió en una parte enorme de la economía del estado. Los ferrocarriles también traían turistas al estado. Al ver su belleza, muchos visitantes deseaban quedarse. Por eso creció el mercado de bienes raíces.

El petróleo también se convirtió en un gran negocio. En 1865, se encontró petróleo en el norte de California. Unos 30 años más tarde, se encontró más petróleo en el sur de California. Y había mucho. Algunas personas ganaron millones de dólares.

un tren de pasajeros de fines del siglo xix

Petróleo Doheny

El magnate millonario del petróleo Edward L. Doheny era de origen humilde. Doheny había sido muy pobre. Había intentado ganar dinero de todas las formas posibles, incluso trabajando como minero. Eso no le funcionó, pero sí dio en la tecla al encontrar petróleo en Los Ángeles.

Economía

campo de petróleo en el sur de California

El gobierno de California

California acababa de convertirse en estado cuando empezó a experimentar grandes cambios. Su paisaje cambiaba a medida que se construían ciudades. El ferrocarril la conectaba con el resto de la nación. Más inmigrantes llegaban para quedarse. Esos cambios ayudaron a que se desarrollaran la economía y el gobierno del nuevo estado. Pero en ocasiones causaban malestar y conflictos.

En 1851, San Francisco era un lugar violento. Había mucha delincuencia. Era tanta que las autoridades no la podían controlar. Los habitantes tomaron la ley en sus propias manos. Arrestaban a personas que se creía que habían violado la ley. Hasta **deportaban** a inmigrantes que eran declarados culpables de delitos.

En 1879, California aprobó una nueva constitución estatal. Parte de la nueva ley prohibía a los trabajadores chinos. Nadie los podía contratar. Esa fue una época difícil para los inmigrantes en California.

Denis Kearney

Denis Kearney era el líder del Partido de los Trabajadores de California a fines de la década de 1870. Quería que los inmigrantes chinos se fueran. Decía que les quitaban el trabajo a los estadounidenses. Muchas personas no estaban de acuerdo con él. Le recordaban a Kearney que él era de Irlanda.

PROCLAMATION

TO ALL WHOM IT MAY CONCERN

HEREAFTER NO FAMILY

WILL BE WITHOUT

MAGIC WASHER

UNDER PENALTY OF

BEING DIRTY

Esta caricatura muestra a Estados Unidos expulsando a los inmigrantes chinos.

MAGIC WASHER BEATS EVERYTHING

Leyes contra los chinos

En 1882, el gobierno de EE. UU. prohibió la entrada de trabajadores chinos al país. Fue la primera vez que Estados Unidos prohibió la entrada de un grupo de personas por su origen étnico.

Civismo

el centro de Los Ángeles hoy

El Estado Dorado

California no crece al mismo ritmo que en el pasado. Pero las personas se siguen mudando allí para "vivir el sueño". Y muchas siguen llegando de otras partes del mundo. Después de todo, el estado creció debido a los inmigrantes que se arriesgaron a viajar a una nueva tierra. Por eso el estado sigue siendo un lugar donde uno puede ser quien quiere ser.

Hoy en día, la luz de esperanza sigue encendida más por las grandes industrias que por el oro. Las personas llegan al estado para triunfar como expertos en tecnología o como **emprendedores**. Muchos quieren trabajar en Hollywood o en la industria de los servicios. Y varios encuentran empleo en la industria **aeroespacial** y la agricultura. En el gran estado de California, seguramente haya algo para todos.

A menor velocidad

A fines de 2015, el estado tenía unos 39 millones de habitantes. Fue el onceavo año consecutivo en que la población creció menos del 1 por ciento. Ya no se están mudando tantas personas al estado. Y nacen cada vez menos bebés allí.

CALIFORNIA

CALIFORNIA REPUBLIC

THE GOLDEN STATE WELCOMES YOU

La inmigración en números

California tiene más inmigrantes que cualquier otro estado: más de 10 millones. Es uno de los cuatro estados donde la mayor parte de la población está compuesta por minorías. Más de la mitad de la población del estado es de origen hispano. Pero, en los últimos años, más personas han emigrado desde Asia.

Geografía

¡Tradúcelo!

水果和蔬菜
生菜：每個 1¢
藍莓：11¢一籃子
蘋果：每個3¢

開放時間：
上午8時至下午1時
從星期一到星期五

Era común que los inmigrantes de un mismo país vivieran juntos en un mismo vecindario. Así, se apoyaban mutuamente. Podían ser ellos mismos. Podían hablar en su propio idioma sin miedo.

Los chinos lo lograron construyendo barrios chinos. Podían ir a tiendas chinas, encontrar lugares donde vivir y obtener servicios de personas en quienes confiaban. Pero no era así apenas llegaban a California. Tenían que obtener lo que necesitaban recurriendo al poco inglés que sabían.

Imagina lo que sería tratar de realizar hasta la tarea más sencilla si no supieras hablar ni leer el idioma. Mejor aún: ¡inténtalo! Estos tres carteles son anuncios comerciales de cosas que la gente necesita en la vida diaria. Pero están escritos con caracteres chinos. ¿Puedes descubrir de qué son los anuncios?

一般商店
礦業用品
鏟

金鎬
鎬

出租房
一間帶浴室的房間。
不准帶寵物。
每月 $30

Glosario

aeroespacial: relacionada con la aviación y los viajes espaciales

clima: el estado del tiempo habitual en un lugar

colonia: un área donde vive un grupo de personas con orígenes similares

comunidades: grupos de personas que viven en la misma área

cultivar: preparar y cuidar la tierra para que crezcan plantas y frutos

cultura: creencias y estilos de vida de diferentes grupos de personas

demanda: deseos de las personas que compran cosas

deportaban: obligaban a alguien que no era ciudadano a irse del país

depresión: un período en el que muchas personas no tienen empleo y hay muy poco dinero

derogada: eliminada, anulada

desprecio: un fuerte sentimiento de rechazo

económico: relacionado con la compra y venta de bienes y servicios

emprendedores: personas que inician y dirigen un negocio

étnica: relacionada con grupos de personas que tienen lazos culturales en común

exóticos: muy poco comunes; con rasgos relacionados con una tierra lejana

industria: un grupo de empresas que trabajan en conjunto para brindar determinados productos o servicios

inestable: no firme; que puede cambiar, ceder o fallar

inmigrantes: personas que llegan a un país para quedarse a vivir allí

morales: relacionados con lo que está bien y lo que está mal en la conducta humana

multicultural: que está formado por muchos grupos culturales o étnicos diferentes

patente: un documento que da a una persona o una empresa el derecho de ser la única que fabrique o venda determinado producto

promocionaba: daba publicidad a algo para que fuera conocido públicamente

remaches: clavos que se machacan para sujetar dos trozos de un material

se radicaron: se establecieron en un lugar determinado para vivir

tolerar: soportar, resistir

Índice

CALIFORNIA

CALIFORNIA REPUBLIC

THE GOLDEN STATE
WELCOMES YOU

¡Tu turno!

Caricaturas políticas

Las caricaturas políticas expresan ideas. En la década de 1850, los inmigrantes chinos sufrieron discriminación en Estados Unidos. Esta caricatura, titulada "El único excluido", refleja esa idea.

Examina detenidamente los elementos de la caricatura (consulta la página 11). ¿Qué representa la "Puerta Dorada de la Libertad"? Los chinos eran conocidos por muchos rasgos positivos cuando llegaron a California. ¿Cómo se muestran esos rasgos? Analiza la lista de personas que sí eran bienvenidas en esa época. ¿Por qué es importante la lista? ¿Por qué es apropiado el título de la caricatura? Escribe un párrafo en el que expliques tu opinión.